EPISODE 1

SZENARIO UND TEXT
LEO UND CORINE JAMAR

ZEICHNUNGEN
FRED SIMON

FARBEN
JEAN-LUC SIMON

Leo

Corine Jamar

Fred Simon

Weitere Veröffentlichungen:

Leo

Amazonia | Splitter
Antares | Splitter
Aldebaran | Splitter
Betelgeuze | demnächst bei Splitter
Centaurus | Splitter
Ferne Welten | Splitter
Kenya | demnächst bei Splitter
Namibia | Splitter
Überlebende | Splitter
Trent | Salleck

Jamar

Les filles d'Aphrodite | Glénat
Les Incollables | Casterman
Blanche | Casterman

Simon

L'île au trésor | Delcourt
Popotka le petit sioux | Delcourt
L'appel de la forêt | Delcourt

Episode 1
ISBN: 978-3-96219-125-2

In Vorbereitung:
Episode 2
ISBN: 978-3-96219-126-9
[August 2018]

In Vorbereitung:
Episode 3
ISBN: 978-3-96219-127-6

In Vorbereitung:
Episode 4
ISBN: 978-3-96219-128-3

In Vorbereitung:
Episode 5
ISBN: 978-3-96219-129-0

SPLITTER Verlag
1. Auflage 06/2016

Aus dem Französischen von Harald Sachse
MERMAID PROJECT 1 – ÉPISODE 1

Bearbeitung: Anne Thies und Marie-Luisa Hilkert
Lettering: Elena Elias
Covergestaltung: Dirk Schulz
Herstellung: Horst Gotta
Druck und buchbinderische Verarbeitung:
AUMÜLLER Druck / CONZELLA Verlagsbuchbinderei

Printed in Germany
ISBN: 978-3-96219-125-2

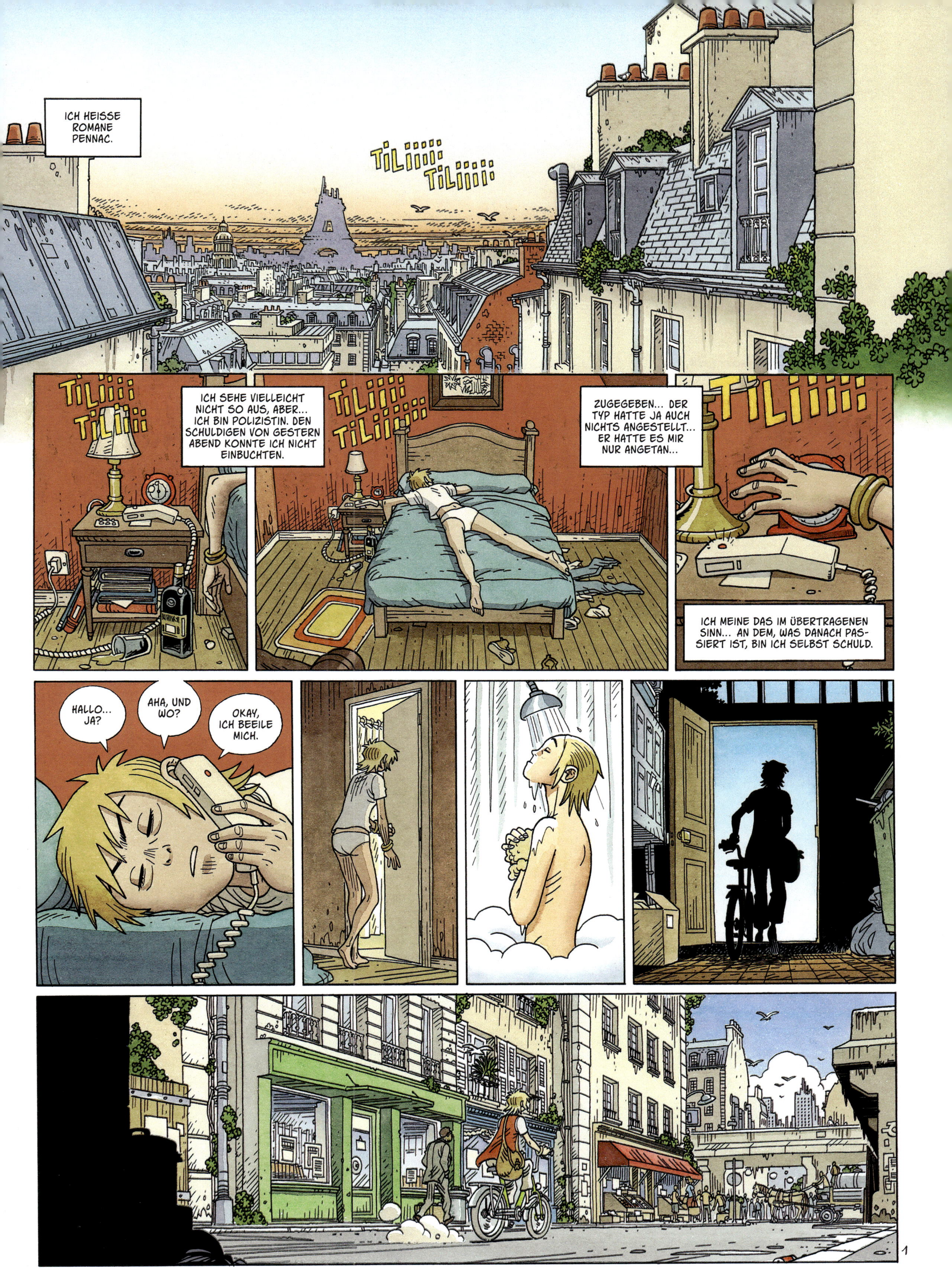

ICH HEISSE ROMANE PENNAC.

TILIIIII TILIIIII

TILIIII TILIIII

ICH SEHE VIELLEICHT NICHT SO AUS, ABER... ICH BIN POLIZISTIN. DEN SCHULDIGEN VON GESTERN ABEND KONNTE ICH NICHT EINBUCHTEN.

TILIIII TILIIIIII

ZUGEGEBEN... DER TYP HATTE JA AUCH NICHTS ANGESTELLT... ER HATTE ES MIR NUR ANGETAN...

TILIIIII

ICH MEINE DAS IM ÜBERTRAGENEN SINN... AN DEM, WAS DANACH PASSIERT IST, BIN ICH SELBST SCHULD.

BLÖD, DASS ES KEINE RADWEGE GIBT!
DIE STADT IST PLEITE. ABER DAS IST JA NICHTS NEUES!
NON

VIELLEICHT SOLLTE ICH DAMIT ANFANGEN, AUF EIN PFERD ZU SPAREN.

INSPEKTORIN PENNAC VOM 8.

GUTEN TAG, FRAU INSPEKTORIN. MAN ERWARTET SIE IM 4. STOCK.
POLICE
P

2

VERSCHLAFEN, PENNAC...? NA, WENIGSTENS HAST DU HERGEFUNDEN.
POLICE

ICH HABE MICH ECHT BEEILT. DER ANRUF KAM ERST VOR KNAPP...
SCHON GUT.

ALSO, FOLGENDES: DU HAST DOCH SICHER DEN MANN HINTER MIR ERKANNT...

ÄHM...

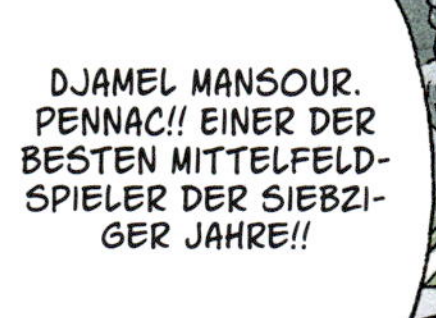
DJAMEL MANSOUR. PENNAC!! EINER DER BESTEN MITTELFELDSPIELER DER SIEBZIGER JAHRE!!

SEINE FRAU IST IN DER BADEWANNE ERTRUNKEN. EIN UNFALL.

EIN UNFALL...
JA. ALKOHOL, SCHLAFMITTEL, SIE NICKT EIN UND ERTRINKT. DIE TÜR WAR VON INNEN VERSCHLOSSEN. GANZ EINDEUTIG EIN UNFALL!!

GUT, DU ÜBERNIMMST AB JETZT. BEHALTE DIE TYPEN VOM LABOR IM AUGE UND KÜMMERE DICH UM DEN BERICHT! ICH MUSS HEUTE VOR GERICHT AUSSAGEN UND HABE AUCH SONST GENUG ZU TUN.
DAS SCHAFFST DU DOCH, ODER?
JA, SICHER.

HERR MANSOUR, ICH BIN INSPEKTORIN PENNAC!

ICH WÜRDE IHNEN GERN EIN PAAR FRAGEN STELLEN.

ABER BEHUTSAM, JA? DIE SACHE HAT IHN ZIEMLICH MITGENOMMEN, UND ICH HABE IHN SCHON BEFRAGT.
ICH WERDE DEINEM BERICHT SPÄTER EIN PAAR ZEILEN HINZUFÜGEN.
ÄH... GUT, IN ORDNUNG.

WER WAR ALS ERSTER VOR ORT?
DAS WAR ICH, FRAU INSPEKTORIN!
DANKE FÜR ALLES, INSPEKTOR... VIELEN, VIELEN DANK.

WACHTMEISTER FENG.
HERR MANSOUR WACHT MITTEN IN DER NACHT AUF. ER STELLT FEST, DASS SEINE FRAU NICHT IM BETT LIEGT UND KLOPFT AN DIE BADEZIMMERTÜR.

DA ER KEINE ANTWORT BEKOMMT, HOLT ER DEN HAUSMEISTER.
ZU ZWEIT BRECHEN SIE DIE TÜR AUF UND...

ICH BIN FERTIG, FRAU INSPEKTORIN... KÖNNEN WIR DIE LEICHE ABTRANSPORTIEREN?
MOMENT NOCH!!

NEIN...

NICHT JETZT...

NICHT HIER...
OH DOCH...

HE! FRAU INSPEKTORIN!!
NATÜRLICH. ICH HÄTTE ES WISSEN MÜSSEN...

4

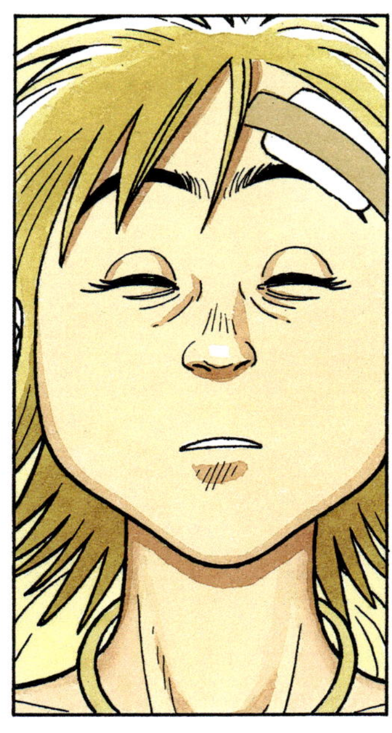

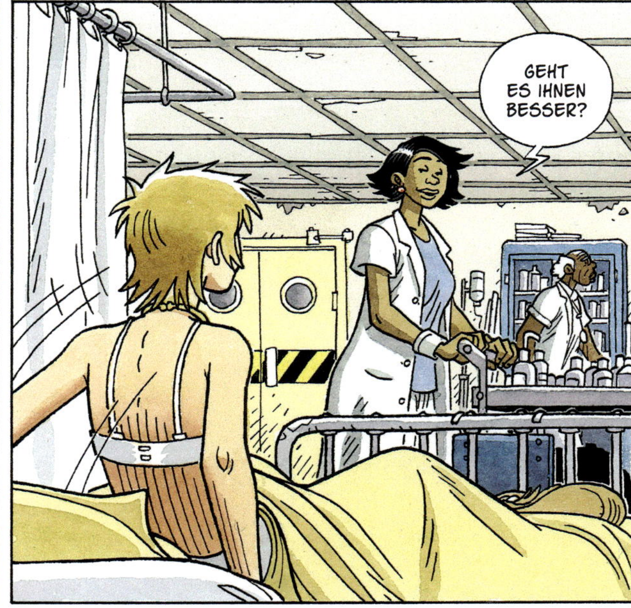
GEHT ES IHNEN BESSER?

MAN SAGTE MIR, SIE SIND OHNMÄCHTIG GEWORDEN UND MIT DEM KOPF AUF DEM RAND EINER BADEWANNE AUFGE- SCHLAGEN.
ABER ES IST NICHTS ERNSTES. WENN SIE SICH GUT FÜHLEN, KÖNNEN SIE GEHEN.

WIE LANGE BIN ICH SCHON HIER?
SEIT ZWEI STUNDEN.

WENN SIE IHREN REVOLVER SUCHEN, DEN HABEN IHRE KOL- LEGEN MITGE- NOMMEN.

TAXI!

LEGUMES DE SAISON

WARTEN SIE HIER AUF MICH!

SIND SIE DER HAUS-MEISTER?

INSPEKTORIN PENNAC VON DER KRIPO. ICH WÜRDE IHNEN GERN EIN PAAR FRAGEN STELLEN.

BEZÜGLICH DES VORFALLS BEI HERRN MANSOUR.

6

POLICE

PENG!!
AAH! EINE LEICHE! MIR WIRD SCHLECHT!
DIE POLIZEI IST NICHTS FÜR SCHLAFFIS, SÜSSE.
POLICE

DER CHEF WILL DICH SEHEN, PENNAC. SCHEINT DRINGEND ZU SEIN.
DANKE, MAGYD!
OLICE
OLICE

KANN ICH DICH KURZ SPRECHEN, DIOUF? ES IST WICHTIG!!
SIEHST DU NICHT, DASS ICH BESCHÄFTIGT BIN?! UND WAS IST MIT DEINEM BERICHT? ICH WETTE, DU HAST IHN NOCH NICHT MAL ANGEFANGEN.

GENAU DARÜBER WOLL...

WAS HAST DU GESAGT?
HM HMM...

7

STIMMT ES, DASS DU ZU IHM ZURÜCKGEFAHREN BIST?!

JA, DIOUF HATTE MIR AUFGETRAGEN, DEN BERICHT ZU SCHREIBEN. NACHDEM ICH DAS KRANKENHAUS VERLASSEN HATTE, BIN ICH ZURÜCKGEFAHREN, UM DIE BESICHTIGUNG DES TATORTS ABZUSCHLIESSEN.

ABER WARUM HAST DU MANSOUR BEFRAGT? ICH HATTE DIR DOCH GESAGT, DASS ICH DAS SCHON ERLEDIGT HÄTTE.

8

SCHLIESSLICH HABE ICH MANSOUR BEI MEINER BEFRAGUNG EIN WENIG PROVOZIERT, UND ALS ER DANN ANFING, BELEIDIGENDE GESTEN ZU MACHEN...

... HABE ICH GESEHEN, DASS ER AN SEINEN UNTERARMEN HAUTABSCHÜRFUNGEN HAT.

9

WARUM HAST DU DAS NICHT INSPEKTOR DIOUF, DEINEM DIREKTEN VORGESETZTEN, MITGETEILT, BEVOR DU ZU MIR GEKOMMEN BIST, PENNAC?
WOLLTEST DU MICH BEEINDRUCKEN? MIR ZEIGEN, DASS DU DIE BESTE BIST?

KEINESWEGS, CHEF. ICH HABE JA VERSUCHT, MIT INSPEKTOR DIOUF ZU REDEN, ABER...

ICH TELEFONIERTE GERADE!!
DU HÄTTEST MIR NUR SAGEN MÜSSEN, DASS ES WICHTIG IST, PENNAC, VERDAMMT NOCH MAL!

ICH HABE DIR GESAGT, DASS ES WICHTIG IST, DU...
ABER DU HAST MICH ABGEFERTIGT WIE EIN SCHULMÄDCHEN! ICH BIN INSPEKTORIN DER FRANZÖSISCHEN POLIZEI, GENAU WIE DU!! ICH HABE DIE SCHNAUZE VOLL VON EUREN SCHIKANEN...

IN MEINEM BÜRO WIRD NICHT GEBRÜLLT!!
BLAM

INSPEKTORIN PENNAC WIRD IHREN BERICHT SCHREIBEN, UND DU, DIOUF, FÄNGST MIT DEN ERMITTLUNGEN NOCH MAL VON VORN AN!

DIE TATSACHE, DASS HERR MANSOUR ALS FUSSBALLER EINE GROSSE NUMMER WAR, ÄNDERT NICHTS DARAN, DASS ER AUCH ALS MÖRDER SEINER FRAU INFRAGE KOMMT.
UND NIMM JAUL ALS PARTNER MIT!

ICH WAR ES, DIE DIE ERMITTLUNGEN VORANGEBRACHT HAT, CHEF. LASSEN SIE MICH MIT JAUL WEITERMACHEN.

KEINE DISKUSSION, PENNAC! ICH BIN DER CHEF, ICH ENTSCHEIDE! ENDE DER DISKUSSION! DU KANNST GEHEN.
DIOUF, DU BLEIBST HIER!

NATÜRLICH MUSSTE DER CHEF DAS LETZTE WORT HABEN. ABER SEI'S DRUM, AN DEM TAG HATTE ICH PUNKTE GESAMMELT.
ICH WAR ZUM ERSTEN MAL STOLZ AUF MICH.

10

DA WARTET EIN EHEPAAR IN DEINEM BÜRO, PENNAC!

ICH WARNE DICH: DER CHEF MAG KEINE PRIVATEN BESUCHE IM BÜRO.

BIST DU DIR SICHER, DASS ES SICH UM EINEN PRIVATEN BESUCH HANDELT, AHMED?
NEIN, ICH SAG'S DIR NUR FÜR DEN FALL...

DANN VERPISS DICH!!

GUTEN TAG, ICH BIN INSPEKTORIN PENNAC. SIE WOLLTEN MICH SPRECHEN?
JA, GUTEN TAG.

ICH HEISSE RAYMOND MAUBERT. UND DAS IST MEINE FRAU ROSA. WIR HABEN DIESEN BRIEF... ODER BESSER, DIESE NACHRICHT ERHALTEN.

»IHRE TOCHTER IST NICHT IN DEM SARG. SPRECHEN SIE MIT INSPEKTORIN PENNAC VOM 8. PARISER KOMMISSARIAT.«

ICH VERSTEHE NICHT... WIE...?

11

UNSERE TOCHTER ARBEITETE ALS SEKRETÄRIN BEI EINEM NEW YORKER UNTERNEHMEN. VOR EINEM MONAT HATTE SIE EINEN UNFALL. SIE STÜRZTE IN DER FABRIK VON EINEM STEG UND... STARB.
IHRE LEICHE WURDE IN EINEM VERSIEGELTEN SARG ÜBERFÜHRT, UND WIR HABEN SIE VOR ZWEI WOCHEN BEERDIGT. DIESE NACHRICHT KAM HEUTE MORGEN AN.

SIE SAGTEN NEW YORK? WIE HEISST DIE FIRMA?

ALGAPOWER!

EIN AMERIKANISCHES UNTERNEHMEN, DAS AUF DIE PRODUKTION VON METHAN SPEZIALISIERT IST.

WARTEN SIE BITTE EINEN MOMENT.

P
POLICE

SELTSAME GESCHICHTE. WOHER KENNT DICH DER VERFASSER DIESER NACHRICHT? HAST DU EINE IDEE?

NA JA...
ICH HABE EINEN BRUDER, DER IN DEM LADEN ARBEITET.
WAS?! IN NEW YORK?
JA.

NA, DANN RUF IHN AN! WORAUF WARTEST DU? NUR ER KANN DAS GESCHRIEBEN HABEN.

ICH HABE DORT ANGERUFEN, ABER ICH DURFTE IHN NICHT SPRECHEN.
MAN SAGTE MIR, DASS ER AN EINEM STRENG GEHEIMEN PROJEKT ARBEITE UND FÜR MEHRERE TAGE ODER SOGAR WOCHEN NICHT ERREICHBAR SEI. SEIN SPEZIALGEBIET IST DIE GENETIK.

12

ICH WERDE IN DER ZWISCHENZEIT EINE EXHUMIERUNG BEANTRAGEN, UM ZU SEHEN, WAS IN DEM SARG IST.

OKAY, NUR ZU!

PENNAC...

DU HAST IN DEM FALL DER FRAU VON MANSOUR GUTE ARBEIT GELEISTET... DU MACHST DICH! ABER DASS DIR DAS NICHT ZU KOPF STEIGT, VERSTANDEN?

OMAR MAALOUF

FRAU INSPEKTORIN! SIE KÖNNEN JETZT HERKOMMEN.
P
POLICE

WARTEN SIE HIER. SIE MÜSSEN NICHT DABEI SEIN...

13

UND?!
SEHEN SIE SELBST!

LASSEN SIE DEN SARG IN DIE LEICHENHALLE BRINGEN UND DEN LEICHNAM KÜHLEN. ICH SCHICKE IHNEN UNSERE SPEZIALISTEN.

IN DEM SARG LIEGT NICHT IHRE TOCHTER, SONDERN EIN MANN.
EIN MANN?! ABER ICH...

ICH AUCH NICHT, HERR MAUBERT. ICH VERSTEHE ES AUCH NICHT.

EIN MANN, CHEF, ETWA 50 JAHRE ALT, LICHTES HAAR...

EIN MANN?! DANN MÜSSEN SIE IM LEICHENSCHAUHAUS IN NEW YORK DIE LEICHEN VERTAUSCHT HABEN. DAS IST DIE EINZIGE ERKLÄRUNG. SO ETWAS KOMMT VOR.
ABER DIE ANONYME NACHRICHT, CHEF, DAS PASST NICHT ZUSAMMEN...

NUN, DA MUSST DU DEINEN BRUDER FRAGEN.
VIELLEICHT WOLLTE ER DIR EINEN STREICH SPIELEN.

14

DAS ERGIBT DOCH KEINEN SINN, CHEF. NIEMALS WÜRDE MEIN BRUDER SO ETWAS EINEM EHEPAAR ANTUN, DAS GERADE DIE EINZIGE TOCHTER VERLOREN HAT.
IRGENDWAS IST FAUL AN DER GESCHICHTE.

WAS ERWARTEST DU, PENNAC? DASS ICH DICH AUF KOSTEN DER STEUERZAHLER WEGEN EINER VERTAUSCHTEN LEICHE UND EINES OMINÖSEN BRIEFS NACH NEW YORK SCHICKE?
KOMMT NICHT INFRAGE! SIEH ZU, DASS DU DEINEN BRUDER ERREICHST, DANN SEHEN WIR WEITER!

MEIN ZWILLINGSBRUDER IST EIN ASS AUF SEINEM GEBIET. EIN TOP WISSENSCHAFTLER, DER BESESSEN VON SEINER FORSCHUNG IST. ALS WIR KLEIN WAREN, WAR ICH IMMER DAS VERSUCHSKANINCHEN.
VOM CHARAKTER HER SIND WIR GANZ VERSCHIEDEN. ABER REIN ÄUSSERLICH HABEN UNS ALLE VERWECHSELT.

ICH HABE IHN SCHON LANGE NICHT MEHR GESEHEN. VIELLEICHT HAT ER SICH VERÄNDERT.

UNVORSTELLBAR, DASS ER DEN BRIEF...

AUDREY?! WAS IST PASSIERT?

HEY, BERUHIGE DICH. WIR GEHEN JETZT REIN, UND DU ERZÄHLST MIR ALLES, OKAY?

ALSO, WAS IST LOS?
SCHNIEF... ES IST... WEGEN SLIMANE, TANTE RO... SLIMANE HAT GESAGT, DASS ES AUS IST MIT UNS...

UND WEISST DU, WARUM?
WEIL ICH EINE WEISSE BIN, DARUM.

15

DAS HAT ER DIR GESAGT?!
ER HAT ES NICHT GESAGT, ABER ICH WEISS, DASS ES SO IST. ER WOLLTE MICH SEINEN ELTERN VORSTELLEN… DIE WAREN TOTAL GESCHOCKT, ALS SIE MICH SAHEN!!! ICH DACHTE, SLIMANE HÄTTE SIE DARAUF VORBEREITET, HÄTTE IHNEN GESAGT, DASS ICH…
DAS ABENDESSEN WAR EIN ALBTRAUM… SCHNÜFF…

ICH HABE DEN ELTERN ERZÄHLT, WAS ICH IM LEBEN MACHEN WILL… SÄNGERIN UND SO… ABER…
SIE HÄTTEN LIEBER GEHÖRT, DASS DU ÄRZTIN ODER ANWÄLTIN WERDEN WILLST… DIE WELT HAT SICH EBEN DOCH NICHT SO SEHR VERÄNDERT.

AM NÄCHSTEN TAG SIND SLIMANE UND DER REST DER BAND NICHT ZUR PROBE INS STUDIO GEKOMMEN, UND HEUTE MORGEN HAT ER MIR DANN GESAGT, DASS…
WARUM DAS ALLES, TANTE RO?! WARUM BEGEHREN WIR NICHT AUF? WARUM GEHEN WIR NICHT AUF DIE STRASSE? WORAUF WARTEN WIR?

ICH ERKLÄRTE IHR, DASS DAS NICHT VIEL BRINGEN WÜRDE. UND DANN ERZÄHLTE ICH IHR, WIE ES FRÜHER WAR, ALS EUROPA UND DIE USA DIE WELT BEHERRSCHTEN, ALS DIE REICHEN LÄNDER ÜBERWIEGEND VON WEISSEN BEVÖLKERT WAREN, UND WIE DANN DIE DUNKELHÄUTIGEN, DIE SCHWARZEN AUS DEM SÜDEN HERAUFKAMEN, UM DEM ELEND IN IHREN LÄNDERN ZU ENTFLIEHEN…
UND WIR VERACHTETEN, UNTERDRÜCKTEN, DEMÜTIGTEN SIE… WENN AUF EINEM LEBENSLAUF EIN NAME WIE AHMED, OTHMAN ODER…

… DIOUF AUFTAUCHTE, LANDETE ER IM MÜLL. DAFÜR REVANCHIEREN SIE SICH JETZT. DAS IST NICHT SCHÖN, ABER ES IST VERSTÄNDLICH. SIE SEHEN HEUTE IN UNS WEISSEN, VOR ALLEM DEN BLONDEN, EIN SYMBOL DER ALTEN HERRSCHAFT, DIE UM EIN HAAR DEN PLANETEN ZERSTÖRT HÄTTE.

WEIL UNSERE REICHEN LÄNDER DAMALS AUF UNVERZEIHLICHE WEISE DIE NATÜRLICHEN RESSOURCEN VERBRAUCHTEN, UM EIN LEBEN IM WOHLSTAND ZU FÜHREN, WÄHREND DER REST DER WELT VERHUNGERTE UND…
ICH HABE EIN LIED DARÜBER GESCHRIEBEN. WILLST DU ES SEHEN?
TILIIII

HALLO, DENISE!! JA, DEINE TOCHTER IST HIER… ICH WEISS NICHT, WARUM SIE ÜBER SO ETWAS LIEBER MIT MIR REDET… JA, SIE KANN HIER ÜBERNACHTEN. MORGEN SETZE ICH SIE IN EIN TAXI, MACH DIR KEINE SORGEN…

LASS MAL SEHEN…
ES GIBT MEHRERE VERSIONEN…

16

TiLiiii Tiliiii
ALSO WIRKLICH...

JA? ACH, SIE SIND'S, CHEF?!

WAS... JA... EINVERSTANDEN... NEIN, NEIN, KEIN PROBLEM! DAS GEHT KLAR... SELBSTVERSTÄNDLICH!!

WAS IST LOS?
EIN DRINGENDER EINSATZ! ICH MUSS SOFORT ZUM FLUGHAFEN. MIR BLEIBT GERADE NOCH ZEIT, MEINEN KOFFER ZU PACKEN.
ICH SETZE DICH UNTERWEGS ZU HAUSE AB.

DU VERREIST? MIT DEM FLUGZEUG?! WOW! DU GLÜCKLICHE! WOHIN FLIEGST DU?

NACH NEW YORK.

DARF ICH DAS MITNEHMEN?

WAS WAR PASSIERT, DASS DIESE LAUT UNSEREM CHEF ANGEBLICH SO BANALE ANGELEGENHEIT VON VERTAUSCHTEN LEICHEN PLÖTZLICH SO WICHTIG WURDE, DASS ER MICH PERSÖNLICH ZU HAUSE ANRIEF...
... UM MIR ZU SAGEN, DASS ICH NACH NEW YORK FLIEGEN WÜRDE, ZUSAMMEN MIT BRAHIM EL MALIK, EINEM SPEZIALAGENTEN.

ÜBERSETZT: MIT JEMANDEM, DER FÜR DEN GEHEIMDIENST ARBEITET.
INFO
EINEM GEHEIMAGENTEN ALSO!

17

AIRLIZ

GUTEN TAG.

ICH BIN INSPEKTORIN PENNAC.
UND SIE SIND AGENT EL MALIK, NEHME ICH AN...

DAMIT DAS GLEICH KLAR IST: SIE SIND AB SOFORT NICHT MEHR INSPEKTORIN DES 8. KOMMISSARIATS, SONDERN MIR UNTERSTELLT. SIE HABEN AUSSCHLIESSLICH MIR BERICHT ZU ERSTATTEN!

VERSTANDEN?

VERSTANDEN...

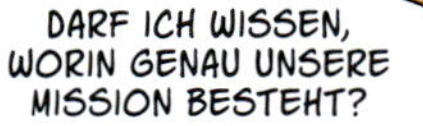
DARF ICH WISSEN, WORIN GENAU UNSERE MISSION BESTEHT?

DRÜBER WERDE ICH SIE ZU GEGEBENER ZEIT INFORMIEREN.

SIE SIND JA GANZ BLASS. JETZT SAGEN SIE NICHT, DASS DIES IHR ERSTER FLUG IST.

DOCH, ES IST MEIN ERSTER FLUG. UND ICH STERBE VOR ANGST.
HABEN SIE EIN PROBLEM DAMIT?

PARIS SO
JA, EIN WENIG SCHON. ES ZEIGT MIR, DASS SIE NICHT SEHR ERFAHREN SIND. UNSER EINSATZ IN NEW YORK KÖNNTE HEIKEL WERDEN, UND DA HÄTTE ICH LIEBER JEMAND ROBUSTEREN AN MEINER SEITE...

18

TUT MIR LEID, SIE ZU ENTTÄUSCHEN, ABER MICH HAT NIEMAND NACH MEINER MEINUNG GEFRAGT.
MIR WURDE SCHLICHT BEFOHLEN, EINEN SPEZIALAGENTEN, DEN ICH NICHT KENNE, AUF EINE MISSION NACH NEW YORK ZU BEGLEITEN, ÜBER DIE ICH NICHTS WEISS.

HM... MACHEN SIE SICH NICHTS DARAUS! WENN SIE MEINE ANWEISUNGEN GENAU BEFOLGEN UND SICH KORREKT VERHALTEN, WIRD ES SCHON GEHEN.
OH, VIELEN DANK.

SEHEN SIE DIESES TRIEBWERK, PENNAC? DIESE TURBINE IST EIN JUWEL MENSCHLICHER TECHNOLOGIE: SEHR STARK UND UNGLAUBLICH ZUVERLÄSSIG. ES IST DAS ERGEBNIS EINER MEHRERE JAHRHUNDERTE DAUERNDEN TECHNOLOGISCHEN ENTWICKLUNG. ES WÄRE SCHWIERIG, EINE ANDERE ART VON FLUGZEUGTRIEBWERKEN ZU ENTWICKELN, DIE GENAUSO LEISTUNGSSTARK UND SICHER SIND WIE DIESES HIER.
URSPRÜNGLICH WAR DIESER TRAUM VON EINEM TRIEBWERK FÜR DIE VERBRENNUNG VON KEROSIN ENTWICKELT WORDEN, EINEM TREIBSTOFF, DEN ES NICHT MEHR GIBT. ABER ZUM GLÜCK IST ES IMSTANDE, AUCH ANDERE STOFFE ZU VERBRENNEN, ZUM BEISPIEL METHAN.

UND DIE DERZEITIGE METHANPRODUKTION BETRÄGT NUR EINEN BRUCHTEIL DER KEROSINPRODUKTION VOR DER GROSSEN KRISE.

DAHER DIE DRASTISCHE REDUKTION VON TRANSPORTMITTELN MIT VERBRENNUNGSMOTOR. ICH BIN AUF DEM LAUFENDEN, WAS DAS ANGEHT, HERR EL MALIK.
HM, GRATULIERE, BRAVO! SIND SIE IMMER SO ANGESPANNT UND AGGRESSIV?

JETZT SPIELT ER DEN PROFESSOR. ABER WARUM ERZÄHLT ER MIR DAS ALLES?

SIE WERDEN BALD ERFAHREN...
... WARUM ICH IHNEN DAS ALLES ERZÄHLE.

19

DIE, DIE ES SCHAFFEN, METHAN IN GROSSEN MENGEN UND ZU NIEDRIGEN PREISEN HERZUSTELLEN, WERDEN EINMAL DAS SEIN, WAS FRÜHER DIE ÖLMAGNATEN WAREN.
DA TUT SICH EINE WAHRE GOLDGRUBE AUF. ABER GELD IST NICHT ALLES. VIEL WICHTIGER IST DIE STRATEGISCHE MACHT, DIE EIN LAND HÄTTE, DAS DIESE TECHNOLOGIE BESITZT.

ABER WAS HAT DAS ALLES MIT DER VERSCHWUNDENEN LEICHE ZU TUN? UND WIE KÖNNEN WIR BEWEISEN, DASS ANGÉLINE MAUBERT GAR NICHT DURCH EINEN UNFALL GESTORBEN IST?
WIR SITZEN IN DIESEM FLUGZEUG, PENNAC, WEIL WIR VERSUCHEN WOLLEN, EINE ANTWORT AUF ALLE DIESE FRAGEN ZU FINDEN. ICH KANN IHNEN IM MOMENT NICHT VIEL SAGEN, ABER VERGESSEN SIE NICHT, DASS ALGAPOWERS ERFOLG IM BEREICH DER GENMANIPULATION AUF EINER ALGE BASIERT. DAS UNTERNEHMEN IST WELTWEIT FÜHREND IN PUNCTO GENTECHNIK.

ÜBRIGENS… WAS WISSEN SIE ÜBER DIE ARBEIT, DIE IHR BRUDER DORT MACHT?

SO GUT WIE NICHTS. MEIN BRUDER UND ICH HABEN SEIT JAHREN NICHT MITEINANDER GESPROCHEN, WIR HATTEN UNS ZERSTRITTEN… ICH WEISS NUR, DASS ER GENFORSCHUNG AN ALGEN BETREIBT, UM IHR WACHSTUM ZU STEIGERN.
IST ER EIN GUTER WISSENSCHAFTLER?

JEDENFALLS EIN BESSERER WISSENSCHAFTLER ALS EIN BRUDER.

HMM… DASS IHR BRUDER BEI ALGAPOWER ARBEITET, IST EINE CHANCE, DIE WIR NUTZEN MÜSSEN.

SOLLTE DAS DER EINZIGE GRUND FÜR MEINE TEILNAHME AN DIESEM EINSATZ SEIN? DASS ICH EINEN BRUDER HABE, DER FÜR ALGAPOWER ARBEITET?
20

WÄHREND DES RESTLICHEN FLUGS SCHWIEG EL MALIK. NACHDEM UNS EINE MAHLZEIT SERVIERT WORDEN WAR, BEACHTETE ER MICH NICHT MEHR UND SCHLIEF BIS ZUR LANDUNG.

BEI UNSERER ANKUNFT WURDEN WIR VON EINEM VERTRETER DER UNO EMPFANGEN, DER UNS BEI DEN EINREISEFORMALITÄTEN BEHILFLICH WAR...
VOL B013

... UND UNS ANSCHLIESSEND ZU UNSEREM HOTEL FUHR. NIE ZUVOR WAR ICH IN EINEM SO LUXURIÖSEN HOTEL ABGESTIEGEN. ABER NATÜRLICH LIESS ICH MIR DAS NICHT ANMERKEN.
HOTEL

TOLLES ZIMMER...

UND DIESE AUSSICHT!

AUDREY... ICH HABE SIE SO PLÖTZLICH VERLASSEN MÜSSEN.

21

DRIING
DRING
HOTEL
W YORK

DRIING
DRING

PENNAC, KOMMEN SIE RUNTER AN DIE BAR. ICH MÖCHTE IHNEN JEMANDEN VORSTELLEN.

SOFORT? ÄHM... ICH WOLLTE NOCH DUSCHEN.
OKAY, OKAY, ICH KOMME.

DIES IST KOMMISSAR DIEGO MOLINOS VON DER HIESIGEN POLIZEI... INSPEKTORIN ROMANE PENNAC, MEINE ASSISTENTIN.

WILLKOMMEN IN NEW YORK, FRAU INSPEKTORIN.

ICH SAGTE ES HERRN EL MALIK BEREITS... ICH FÜRCHTE, IHR AUFENTHALT HIER BEI UNS WIRD RECHT KURZ SEIN. ICH HABE IM LEICHENSCHAUHAUS SCHON EIN PAAR UNTERSUCHUNGEN VORGENOMMEN, UND DIE SACHE SCHEINT ZIEMLICH KLAR ZU SEIN... DIE BEIDEN LEICHEN WURDEN PEINLICHERWEISE VERTAUSCHT. IN DEN SARG IHRER LANDSMÄNNIN LEGTE MAN EIN VON HIER STAMMENDES UNFALLOPFER, WÄHREND SIE ZUR SELBEN ZEIT AN SEINER STATT VERBRANNT WURDE.

EINE UNERHÖRTE SCHLAMPEREI!

DER VERANTWORTLICHE WURDE BEREITS GEFEUERT, UND UNSERE REGIERUNG WIRD DER FAMILIE EIN ENTSCHULDIGUNGSSCHREIBEN SCHICKEN. WENN SIE ES WÜNSCHEN, KÖNNEN SIE MICH MORGEN INS LEICHENSCHAUHAUS BEGLEITEN UND SICH SELBST EIN BILD MACHEN.

...

22

ICH DENKE, DAS WIRD NICHT NÖTIG SEIN, KOMMISSAR MOLINOS. WIR VERTRAUEN IHNEN VOLL UND GANZ.

... NICHT WAHR, INSPEKTORIN PENNAC?
JA, JA, NATÜRLICH... ABER...
JA?

DIESE NACHRICHT... DER BRIEF, DEN DIE ELTERN DER JUNGEN FRAU ERHIELTEN UND IN DEM STAND, DASS NICHT SIE IM SARG LIEGEN WÜRDE.
WER KÖNNTE IHN GESCHICKT HABEN?

ACH, DAS... WIE SOLL MAN DAS WISSEN? VIELLEICHT WAR ES JEMAND AUS DEM LEICHENSCHAUHAUS, DER SICH AN SEINEM VORGESETZTEN RÄCHEN WOLLTE.
ABER DER ABSENDER KANNTE MEINEN NAMEN UND WUSSTE, DASS ICH BEI DER PARISER POLIZEI BIN.

DAS IST IN DER TAT SELTSAM... WAHRSCHEINLICH WERDEN SIE DIE ERKLÄRUNG BEI IHREM BRUDER FINDEN.
ABER WARUM SOLLTE ER SO ETWAS TUN? UND WIE KANN ER VON EINEM FEHLER WISSEN, DER IN EINEM VON FÜNFZIG LEICHENSCHAUHÄUSERN IN NEW YORK GEMACHT WURDE? DAS ERGIBT KEINEN SINN.

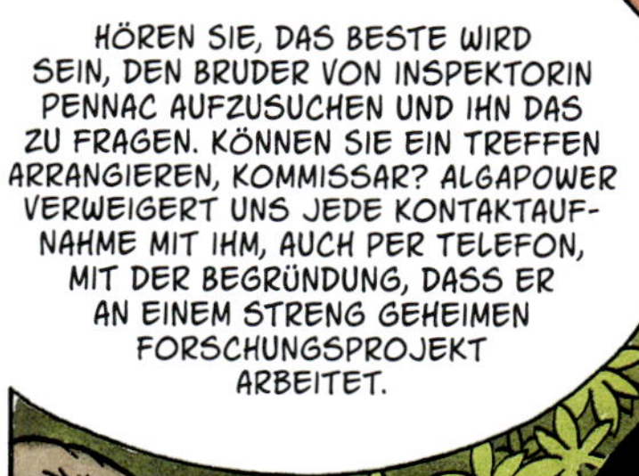

HÖREN SIE, DAS BESTE WIRD SEIN, DEN BRUDER VON INSPEKTORIN PENNAC AUFZUSUCHEN UND IHN DAS ZU FRAGEN. KÖNNEN SIE EIN TREFFEN ARRANGIEREN, KOMMISSAR? ALGAPOWER VERWEIGERT UNS JEDE KONTAKTAUFNAHME MIT IHM, AUCH PER TELEFON, MIT DER BEGRÜNDUNG, DASS ER AN EINEM STRENG GEHEIMEN FORSCHUNGSPROJEKT ARBEITET.

JA, DAS KANN ICH ARRANGIEREN. ICH KENNE LEUTE AUS DER GESCHÄFTSLEITUNG VON ALGAPOWER.
JETZT MUSS ICH LEIDER GEHEN.

ICH HOLE SIE MORGEN UM ELF UHR AB UND BRINGE SIE ZU ALGAPOWER. WÜRDE IHNEN DAS PASSEN?
JA, SEHR GUT.

GLAUBEN SIE WIRKLICH AN DIE GESCHICHTE VON DEN VERTAUSCHTEN LEICHEN?
NATÜRLICH NICHT.
23

DER KOMMISSAR WAR EIN WENIG ZU SCHNELL BEREIT, UNS ZU ALGAPOWER ZU BRINGEN. UND ER SCHEINT SICH ZIEMLICH SICHER ZU SEIN, DASS MAN IHM DIESES TREFFEN GEWÄHRT.
ALS OB ALLES SCHON VORAB VEREINBART WORDEN WÄRE.
JA. ER HAT UNS SOGAR EINE UHRZEIT GENANNT. OHNE DORT ANZURUFEN UND ZU FRAGEN, OB IHNEN DAS PASST.

KOMMEN SIE, GEHEN WIR WAS ESSEN. ICH STERBE VOR HUNGER.

ÄHM… ICH WÜRDE LIEBER DUSCHEN GEHEN UND DANN AUF MEINEM ZIMMER ESSEN. ICH BIN MÜDE.

ICH WILL SIE NICHT ZU EINEM CANDLE-LIGHT-DINNER AUSFÜHREN, SONDERN ZU EINEM KLEINEN ARBEITSESSEN. DIE SPEISEKARTE SIEHT VIELVERSPRECHEND AUS…
MACHEN SIE SICH ALSO KEINE FALSCHEN HOFFNUNGEN…

NEHMEN WIR MAL EINEN MOMENT AN, DAS LEICHENSCHAUHAUS HABE KEINEN FEHLER GEMACHT. WARUM LAG DANN DIE LEICHE VON ANGÉLINE MAUBERT NICHT IN IHREM SARG?

WAS DENKEN SIE?
WEIL »MAN« DIE LEICHE NICHT ZEIGEN WOLLTE? VIELLEICHT IST ANGÉLINE ERMORDET WORDEN, UND EINE AUTOPSIE HÄTTE DIE THEORIE VOM UNFALLTOD WIDERLEGT.

ES KÖNNTE AUCH SEIN, DASS ES GAR KEINE LEICHE GIBT. DANN WÄRE DIE FRAU NOCH AM LEBEN.

NOCH AM LEBEN?! ABER WARUM HÄTTE MAN…
24

HIER KOMMEN DIE ALGEN AN, DIE AUF HOHER SEE GEERNTET UND DURCH ROHRLEITUNGEN WEITERBE-FÖRDERT WERDEN. DANACH WERDEN SIE GEPRESST UND IN DIE FERMENTIERTÜRME GEFÜLLT.

25

DAS SIND DIE RIESIGEN SÄULEN, DIE SIE DA HINTEN SEHEN.
DAS METHAN, DAS BEI DER FERMENTIERUNG ENTSTEHT, WIRD AUFGEFANGEN, GEREINIGT UND VERFLÜSSIGT, UM ES TRANSPORTIEREN UND NUTZEN ZU KÖNNEN.

BEEINDRUCKEND!!
UND DIESE ALGEN SIND DIE FRUCHT IHRER GENFORSCHUNG...
GENAU. DURCH GENMANIPULATION KONNTEN WIR IHR WACHSTUM UM DAS ZWANZIGFACHE STEIGERN UND DEN ERTRAG AN METHAN VERVIERFACHEN.

DARAUF SIND WIR SEHR STOLZ! UND DAS IST ERST DER ANFANG.

IN UNSEREN LABORS TESTEN WIR NEUE ALGENARTEN, DIE NOCH MEHR PRODUZIEREN KÖNNEN.

UND SIE FORSCHEN AUCH AN DELFINEN, ODER?

JA, DAS STIMMT.

WISSEN SIE, DIE ALGENPLANTAGEN BEDÜRFEN EINER REGELMÄSSIGEN UND SORGFÄLTIGEN WARTUNG. MOMENTAN KÜMMERN SICH ROBOTER DARUM, ABER DAS IST SEHR TEUER UND KOMPLIZIERT. WIR HABEN UNS GEDACHT, DASS ES EIN GROSSER SCHRITT NACH VORN WÄRE, WENN WIR ES SCHAFFEN WÜRDEN, DELFINE FÜR DIESE AUFGABEN AUSZUBILDEN.
DELFINE SIND SEHR INTELLIGENT, ABER LEIDER NICHT AUF DEM GEBIET, DAS FÜR UNS INTERESSANT IST. AUSSERDEM SIND SIE SEHR ZERSTREUT, UND BEI DER ARBEIT FEHLT ES IHNEN AN DISZIPLIN! WIR VERSUCHEN DERZEIT, EINIGE IHRER GENE ZU VERÄNDERN, UM SIE NÜTZLICHER FÜR UNS ZU MACHEN.

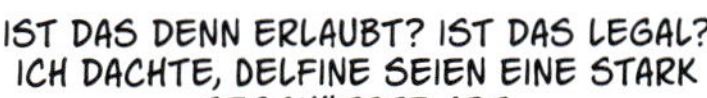
IST DAS DENN ERLAUBT? IST DAS LEGAL? ICH DACHTE, DELFINE SEIEN EINE STARK GESCHÜTZTE ART.

HIER IN NEW YORK IST DAS VÖLLIG LEGAL.
ABER ES WIRD ZEIT, IHREN BRUDER ZU TREFFEN, INSPEKTORIN PENNAC. ER ERWARTET SIE.

ICH MUSS SIE VORWARNEN: DA DIE FORSCHUNGEN, AN DENEN DOKTOR ROGER PENNAC BETEILIGT IST, UNTER STRENGSTER GEHEIMHALTUNG LIEGEN, WIRD IHRE BEGEGNUNG UNTER ETWAS BESONDEREN UMSTÄNDEN STATTFINDEN.
ICH HOFFE, SIE HABEN VERSTÄNDNIS DAFÜR...

26

JETZT MACH NICHT SO EIN GESICHT, SCHWESTERCHEN. DU KANNST GANZ BERUHIGT SEIN: ALGAPOWER HÄLT MICH NICHT GEFANGEN. UND NIEMAND ZWINGT MICH, DIR MÄRCHEN ZU ERZÄHLEN, UM DIE SCHEUSSLICHKEITEN ZU VERTUSCHEN, DIE HIER ANGEBLICH BEGANGEN WERDEN. ES SIND GANZ EINFACH SICHERHEITSMASSNAHMEN, DIE VERHINDERN SOLLEN, DASS BETRIEBSGEHEIMNISSE NACH AUSSEN GELANGEN UND DER KONKURRENZ IN DIE HÄNDE FALLEN. SIE GELTEN FÜR JEDEN, UND WIR MÜSSEN SIE AKZEPTIEREN. SO STEHT ES IN MEINEM VERTRAG.

SO BESTEHT KEINE GEFAHR, DASS ICH DIR HEIMLICH PAPIERE ZUSTECKE ODER DIR VERTRAULICHE INFORMATIONEN ZUFLÜSTERE. DESHALB WIRD ALLES, WORÜBER WIR HIER SPRECHEN, AUFGEZEICHNET UND ANALYSIERT.

ABER GENUG DER ERKLÄRUNGEN. WAS FÜHRT DICH NACH NEW YORK? HABE ICH DIR SO SEHR GEFEHLT?
ICH ERZÄHLTE IHM DIE GESCHICHTE VON DER RÄTSELHAFTEN NACHRICHT. SEINE REAKTION KAM PROMPT UND WAR HARSCH.

UND DU GLAUBST, ICH HÄTTE SIE GESCHRIEBEN? HAST DU SIE NOCH ALLE?
ICH HABE NICHTS MIT DER SACHE ZU TUN.

ROGER! DER VERFASSER DIESER NACHRICHT WUSSTE VON MIR. ER WUSSTE, DASS ICH BEI DER POLIZEI ARBEITE, UND ZWAR BEIM 8. KOMMISSARIAT. WEM SONST WÄREN DIESE EINZELHEITEN BEKANNT?

ICH HABE KEINE AHNUNG!

KANNTEST DU DIESES MÄDCHEN NICHT? ANGÉLINA MAUBERT? SIE WAR HIER SEKRETÄRIN.

NIE VON IHR GEHÖRT! DAS HIER IST EIN RIESIGER BETRIEB MIT TAUSENDEN VON BESCHÄFTIGTEN. UND ICH ARBEITE ALLEIN IN GEHEIMEN FORSCHUNGSLABORS.
MIT DEN ANDEREN HABE ICH KAUM KONTAKT.

ROMANE, ICH VERSICHERE DIR, DASS ICH DIE NACHRICHT NICHT GESCHRIEBEN HABE. DU GLAUBST MIR DOCH, ODER?
JA, ICH GLAUBE DIR.
27

GUT… WIE LANGE BLEIBST DU IN NEW YORK? ICH WÜRDE DICH GERN AUSSERHALB DES UNTERNEHMENS TREFFEN UND DIR NEW YORK ZEIGEN. ES IST EINE TOLLE STADT!
ICH FLIEGE IN EIN ODER ZWEI TAGEN WIEDER NACH HAUSE. DIE ANGELEGENHEIT HIER SCHEINT ERLEDIGT ZU SEIN: EIN TÖDLICHER UNFALL UND EIN FEHLER IM LEICHENSCHAUHAUS. WAS DIE NACHRICHT BETRIFFT, DAS IST SACHE DER ÖRTLICHEN POLIZEI.

SCHADE.
ICH MUSS NOCH MINDESTENS ZWEI WOCHEN HIER DRINBLEIBEN.

WIE GEHT ES UNSERER SCHWESTER DENISE? SEHT IHR EUCH OFT?

NEIN, NICHT SEHR OFT. IHR MANN MAG MICH NICHT. ER SAGT, ICH HÄTTE EINEN SCHLECHTEN EINFLUSS AUF AUDREY.
ABER DENISE GEHT ES GUT. AUF IHRE ART. DU KENNST SIE JA.

WIE ALT IST AUDREY NOCH GLEICH?

VIERZEHN.
ALS ICH SIE DAS LETZTE MAL SAH, WAR SIE NOCH EIN GANZ KLEINES MÄDCHEN.
SINGT SIE IMMER NOCH SO GUT?

JA. DASS DU DICH DARAN NOCH ERINNERST…

ROGER, AUCH WENN WIR DAS LETZTE MAL ANEINANDERGERATEN SIND, SO BIST DU DOCH IMMER NOCH MEIN BRUDER. DU KÖNNTEST ÖFTER ZU UNS NACH PARIS KOMMEN. WIR KÖNNTEN ETWAS ZEIT ZUSAMMEN VERBRINGEN, OHNE UNS ZU STREITEN.

HM… WEISST DU, ICH HABE NEULICH VON DIR GETRÄUMT: WIR FUHREN MIT UNSEREN ELTERN AUF DIESEM BOOT DEN NIL RUNTER, ERINNERST DU DICH? DU WOLLTEST AN LAND GEHEN, UND ICH HABE DICH DARAN GEHINDERT, INDEM ICH DIR DIE KROKODILE AM UFER GEZEIGT HABE. ERINNERST DU DICH AN DIE KROKODILE, DIE WIR GESEHEN HABEN? DIE WAREN RIESIG.
HM, JA… DIE KROKODILE…

NUN GUT. ICH MUSS JETZT LEIDER GEHEN, SCHWESTERCHEN. ES WARTET VIEL ARBEIT AUF MICH. ABER ICH DENKE, DASS ICH BALD EINMAL NACH PARIS KOMME, VERSPROCHEN.

NUN, INSPEKTORIN PENNAC… GLAUBEN SIE IHREM BRUDER, WENN ER BEHAUPTET, DASS ER DIESE NACHRICHT NICHT GESCHRIEBEN HAT?

28

VOLL UND GANZ. ICH KENNE MEINEN BRUDER. ICH WEISS, WANN ER LÜGT UND WANN ER DIE WAHRHEIT SAGT. WIR SIND ZWILLINGE, WISSEN SIE...
GUT. ICH HABE INZWISCHEN DIE BESTÄTIGUNG, DASS DER TOD VON FRAU MAUBERT EIN UNFALL WAR. UND DER FEHLER IM LEICHENSCHAUHAUS ERKLÄRT DAS VERSCHWINDEN IHRER LEICHE. DIESE OMINÖSE NACHRICHT VERLIERT EIN WENIG AN BEDEUTUNG, ODER?

SIE HABEN RECHT, KOMMISSAR.
WIR FLIEGEN MORGEN NACH PARIS ZURÜCK, WIR HABEN HIER NICHTS MEHR ZU TUN. SOLLTEN SIE ZUFÄLLIG EINE ERKLÄRUNG FINDEN, WÄREN WIR IHNEN DANKBAR, WENN SIE UNS BENACHRICHTIGEN KÖNNTEN. FÜR DIE FAMILIE IST DAS WICHTIG, VERSTEHEN SIE?
DAS WERDE ICH SELBSTVERSTÄNDLICH TUN.

SOLL ICH SIE AM HOTEL ABSETZEN?
NEIN, WIR MÜSSEN VORHER NOCH ZU UNSEREM BÜRO BEI DER UNO.

JETZT KÖNNEN WIR ENDLICH FREI REDEN, OHNE BEFÜRCHTEN ZU MÜSSEN, DASS WIR ABGEHÖRT WERDEN...
WAS HABEN SIE IN DEM GESPRÄCH MIT IHREM BRUDER WIRKLICH ERFAHREN, PENNAC?

GLAUBEN SIE IHM, DASS DIE NACHRICHT NICHT VON IHM IST?
JA, ER SCHIEN EHRLICH ÜBERRASCHT. ABER ER SAGTE ETWAS SELTSAMES, DAS MIT SICHERHEIT VON BEDEUTUNG IST.

ER ERZÄHLTE MIR VON EINER KREUZFAHRT AUF DEM NIL, DIE WIR MIT UNSEREN ELTERN UNTERNOMMEN HÄTTEN... NUR, WIR HABEN NIE EINE FAHRT AUF DEM NIL GEMACHT.

DANN SPRACH ER VON KROKODILEN, DIE WIR ANGEBLICH BEI DIESER FAHRT GESEHEN HÄTTEN. ALS WIR KINDER WAREN, HABEN WIR EINMAL EINE DOKUMENTATION ÜBER NILKROKODILE GESEHEN, DIE UNS MÄCHTIG BEEINDRUCKT HAT. DIESE TIERE SIND FÜR UNS DAMALS ZUM INBEGRIFF VON GEFAHR GEWORDEN. WIR SAGTEN IMMER: »GEFÄHRLICH WIE EIN KROKODIL.«
UND SIE SCHLIESSEN DARAUS, DASS...

... DASS ER VERSUCHT HAT, MICH ZU WARNEN. ENTWEDER WÄHNT ER SICH SELBST IN GEFAHR, ODER ER HÄLT DIE UNTERSUCHUNG, DIE ICH INS ROLLEN GEBRACHT HABE, FÜR GEFÄHRLICH.

29

GUT, PENNAC. SIE FLIEGEN MORGEN NACH PARIS ZURÜCK! IHR EINSATZ IST BEENDET.

ABER… WAS IST MIT MEINEM BRUDER?! WENN ER IN GEFAHR IST, WILL ICH IHM HELFEN.

SIE KÖNNEN NICHTS TUN, FRAU INSPEKTORIN. SEIEN SIE REALISTISCH. DAS HEISST ABER NICHT, DASS WIR NICHTS UNTERNEHMEN KÖNNEN. FLIEGEN SIE NACH PARIS ZURÜCK!

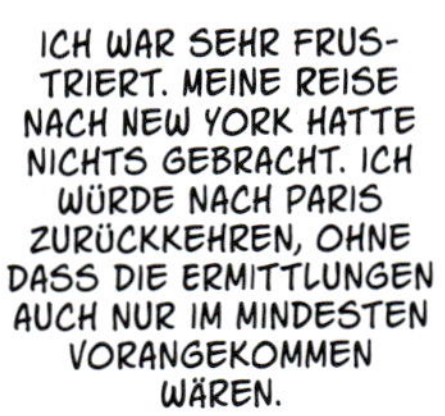
ICH WAR SEHR FRUSTRIERT. MEINE REISE NACH NEW YORK HATTE NICHTS GEBRACHT. ICH WÜRDE NACH PARIS ZURÜCKKEHREN, OHNE DASS DIE ERMITTLUNGEN AUCH NUR IM MINDESTEN VORANGEKOMMEN WÄREN.

ICH SAH SCHON DIE VERÄCHTLICHEN BLICKE, DIE MIR DIOUF UND DER CHEF ZUWERFEN WÜRDEN.

TOC
TOC
TOC
EL MALIK?!

HERR MOLINOS?

TUT MIR LEID, WENN ICH HIER SO UNANGEMELDET AUFKREUZE, ABER…
DARF ICH REINKOMMEN?

WAS WOLLEN SIE?
ICH WOLLTE SIE ZUM ESSEN EINLADEN, IHNEN DIE STADT ZEIGEN. DER GRUND FÜR MEIN… ÄHM… SAGEN WIR, DISKRETES VORGEHEN IST DER, DASS ICH NUR SIE EINLADEN WOLLTE, OHNE IHREN KOLLEGEN EL MALIK.

ACH JA? ICH…
UND WARUM? ICH…

SEIEN SIE UNBESORGT, INSPEKTOR, ICH VERSICHERE IHNEN, ICH HABE KEINE HINTERGEDANKEN…
ICH FINDE SIE SYMPATHISCH… UND ICH WOLLTE NICHT, DASS SIE NACH HAUSE FAHREN, OHNE NEW YORK GESEHEN ZU HABEN. UND WAS IHREN KOLLEGEN EL MALIK BETRIFFT…

30

... EHRLICH GESAGT VERSPÜRE ICH WENIG LUST, EINEN ABEND IN SEINER GESELLSCHAFT ZU VERBRINGEN... VERSTEHEN SIE?
ICH FINDE, ER IST EIN BISSCHEN ZU SEHR VON SICH EINGENOMMEN.

HAHA.
MACHEN SIE SICH LUSTIG ÜBER MICH?
NEIN, NEIN, ENTSCHULDIGEN SIE... ES IST NUR... ICH FINDE, DASS SIE VOLLKOMMEN RECHT HABEN.

NEHMEN SIE MEINE EINLADUNG AN?
MIT VERGNÜGEN, HERR MOLINOS. ICH BIN NICHT MEHR IM DIENST.

NA, WUNDERBAR! ABER BITTE NENNEN SIE MICH DIEGO!
GERN, WENN SIE MICH ROMANE NENNEN. GEBEN SIE MIR FÜNF MINUTEN, UM MICH ANZU-ZIEHEN.
ICH WARTE UNTEN AN DER BAR AUF SIE. LASSEN SIE SICH ZEIT.

WEISST DU, ICH WOLLTE DIR...
ICH DARF DICH DOCH DUZEN...?
... DIR DIE ECHTE LATEINAMERIKANISCHE KÜCHE VORFÜHREN, SO WIE WIR SIE VON ZU HAUSE KENNEN. NICHT DAS, WAS EINEM IN DEN TOURISTEN-RESTAURANTS VORGE-SETZT WIRD. BIST DU EINVERSTANDEN?
JA KLAR!
NEW YORK SPE

SEHR GUT. ICH KENNE EIN TOLLES KLEINES RESTAURANT. ABER DU DARFST KEINEN LUXUS ERWARTEN. WEISST DU, ES IST EIN SCHLICHTES LOKAL, ABER DIE LEUTE SIND NETT, UND DAS ESSEN... DU WIRST BEGEISTERT SEIN!
LUXUS BIN ICH OHNEHIN NICHT GEWOHNT. MEINE FAMILIE STAMMT AUS BESCHEIDENEN VERHÄLTNISSEN.
HIER IST ES.

CANTINA
Menu

DIEGO!

CÓMO ESTÁS, AMIGO?
BUENAS TARDES, DON PEPE! DAS HIER IST EINE KOLLEGIN AUS PARIS!

AUS PARIS!! HERZLICH WILLKOMMEN, SEÑORITA!

GEHT NACH HINTEN DURCH, DIEGO! DA IST ES RUHIGER. HEUTE IST ES VOLL HIER. UND VIEL ZU LAUT!
Menu

SO, ICH BRINGE EUCH GLEICH DIE KARTE...
DANKE, DON PEPE!

TUT MIR LEID, ABER ICH HABE DIR ETWAS VORGEMACHT. MEINE EINLADUNG ZUM ESSEN WAR NUR EIN VORWAND, UM MIT DIR REDEN ZU KÖNNEN.

32

ES IST ALLES VERWANZT: DEIN HOTELZIMMER, DIE BAR, MEIN AUTO. DIESES LOKAL NICHT. DON PEPE IST MEIN ONKEL, WIR KÖNNEN OFFEN REDEN.
ICH VERSTEHE NICHT, ICH...
DER FALL DIESES MÄDCHENS, DAS NICHT IN SEINEM SARG WAR, IST NUR EINES DER RÄTSEL UM ALGAPOWER...

ES SIND NOCH ANDERE LEUTE VERSCHWUNDEN. ICH GEHÖRTE ZU DEM TEAM, DAS MIT DEN ERMITTLUNGEN BEAUFTRAGT WAR. WIR HABEN BEUNRUHIGENDE DINGE ENTDECKT, SEHR BEUNRUHIGEND, ABER...

ABER ICH HABE SEHR SCHNELL GEMERKT, DASS UNSERE VORGESETZTEN UNS KNÜPPEL ZWISCHEN DIE BEINE WARFEN. WEITER OBEN SAH MAN ES NICHT GERN, WENN WIR BEI UNSEREN ERMITTLUNGEN ALLZU GRÜNDLICH VORGINGEN. DIE KOLLEGEN, DIE PROTESTIERTEN, WURDEN GANZ SCHNELL VERSETZT ODER IN MISSKREDIT GEBRACHT. ICH TAT SO, ALS WÜRDE ICH DIE ANWEISUNGEN BEFOLGEN UND KLEIN BEIGEBEN...
ABER ICH HABE HEIMLICH WEITER ERMITTELT, WAS NICHT EINFACH WAR. UND ICH GLAUBE, MAN FÄNGT SCHON AN, MICH ZU VERDÄCHTIGEN... ICH GLAUBE, ICH WERDE ÜBERWACHT...

UND PLÖTZLICH SEID IHR FRANZOSEN AUF DER BILDFLÄCHE ERSCHIENEN. ICH GLAUBE, IHR KOMMT LEICHTER VORAN ALS ICH, WEIL DEIN BRUDER BEI ALGAPOWER ARBEITET...
HM... DA BIN ICH MIR NICHT SO SICHER...

ES KÖNNTE SOGAR SEIN, DASS MEIN BRUDER IN GEFAHR IST... ABER SAG MIR MAL, WIESO ZUM TEUFEL EINE FIRMA, DIE SICH MIT DER PRODUKTION VON METHAN BEFASST, HINTER DEM VERSCHWINDEN DIESER LEUTE STECKEN SOLLTE...

WEIL ES NUR UM EINES GEHT: UM GENFORSCHUNG!

SIE BETREIBEN INTENSIVE FORSCHUNGEN AN DELFINEN. WESENTLICH INTENSIVER, ALS SIE OFFIZIELL ZUGEBEN. SIE SOLLEN BEEINDRUCKENDE RESULTATE ERZIELT HABEN, UND DA...

PLOP
PLOP
PLOP

33

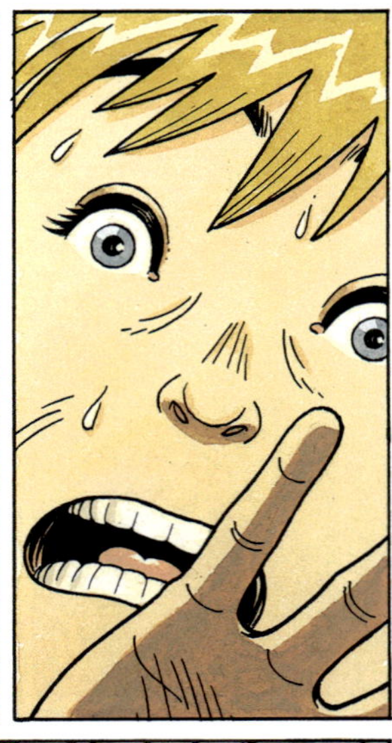

BLAM

DIEGO!

EINEN KRANKENWAGEN! SCHNELL!!!

IHR MÜSST... IHR M...

NICHT SPRECHEN DER KRANKENWAGEN IST GLEICH DA!
IHR MÜSST ES VERHINDERN... DAS M...MERMAID PROJECT...

DAS WAS?

AAAAH...
34

DAS MERMAID PROJECT?

JA, DAS HAT ER GESAGT…

»MERMAID« BEDEUTET »MEERJUNGFRAU«, ODER?
JA, PROJEKT MEERJUNG-FRAU.
WISSEN WIR ETWAS DARÜBER?

NICHTS. ICH HÖRE ZUM ERSTEN MAL DAVON.

DIE SIND MOLINOS GEFOLGT. SIE WISSEN ALSO, DASS ER INSPEKTORIN PENNAC GETROFFEN UND IHR INFORMATIONEN GELIEFERT HAT, DIE »TOP SECRET« SIND… SIE WISSEN AUCH, DASS SIE DEM KILLER ENTKOMMEN IST.

ER WURDE ERSCHOSSEN, ALSO WISSEN SIE NICHTS.

ES MUSS JEMAND DA GEWESEN SEIN, DER DEM MÖRDER DECKUNG GEGEBEN HAT. SIE SIND IN GEFAHR, PENNAC. SIE FAHREN NICHT ZURÜCK INS HOTEL, SONDERN BLEIBEN HIER BEI DER UNO.
JA, DAS WÄRE BESSER. SPRECHEN SIE MIT MEINER SEKRETÄRIN, SIE WIRD SIE IN EINEM UNSERER ZIMMER UNTERBRINGEN… WIR SCHICKEN JEMANDEN, DER IHRE SACHEN ABHOLT.

TOC TOC TOC
JA? HEREIN!

HIER SIND IHRE SACHEN. DARF ICH REINKOMMEN?

35

STELLEN SIE DAS BITTE AUF DEN TISCH!

SIE STEHEN UNTER SCHOCK, PENNAC. ICH RATE IHNEN ZU EINEM KLEINEN MUNTERMACHER, DER SIE WIEDER AUF DIE BEINE BRINGT. ICH HOFFE, SIE MÖGEN WHISKY.

JA... ICH MAG WHISKY.

SAGEN SIE... DAS, WAS SIE DA ERZÄHLT HABEN... DASS MOLINOS SIE NUR ZUM ESSEN EINGELADEN HAT, IST DAS DIE RICHTIGE VERSION? SIE HATTEN NICHT VOR, ALLEIN WEITERZUMACHEN?

ICH BIN NUR EINE EINFACHE POLIZISTIN, HERR EL MALIK.

FÜR KRUMME TOUREN BIN ICH NICHT AUSGEBILDET. MOLINOS HAT MICH ZUM ESSEN EINGELADEN. ICH DACHTE, ER WILL MICH ANBAGGERN. ER SAH GUT AUS, UND ICH DACHTE, WIR KÖNNTEN DEN ABEND MIT EINER SCHÖNEN NUMMER IM BETT BESCHLIESSEN. SO EINFACH IST DAS!

HMM...
KÖNNEN SIE SCHWIMMEN, PENNAC? ICH MEINE, GUT SCHWIMMEN? FÜHLEN SIE SICH WOHL IM WASSER?

WAS IST DENN DAS FÜR EINE FRAGE? WARUM SPRECHEN SIE IMMER IN RÄTSELN? UND STELLEN SCHWER VERSTÄNDLICHE FRAGEN?
IMMER MÜSSEN SIE DEN SPION SPIELEN!

HAHAHA... SIE GEFALLEN MIR, PENNAC!

36

WISSEN SIE, DIE ERMORDUNG EINES POLIZISTEN AM HELLLICHTEN TAG ZEIGT, DASS DIESE LEUTE SICH IHRER SACHE SEHR SICHER SIND. DIE MÜSSEN RÜCKENDECKUNG VON GANZ OBEN HABEN.

ES BEDEUTET AUCH, DASS ES EIN RISKANTES UNTERNEHMEN IST, SICH MIT IHNEN ANZULEGEN.

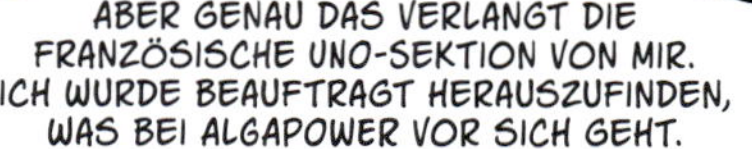
ABER GENAU DAS VERLANGT DIE FRANZÖSISCHE UNO-SEKTION VON MIR. ICH WURDE BEAUFTRAGT HERAUSZUFINDEN, WAS BEI ALGAPOWER VOR SICH GEHT.

ICH SCHLAGE VOR, DASS SIE SICH MIT MIR ZUSAMMENTUN.

ICH?!

ICH WEISS, SIE HABEN NICHT DIE ERFORDERLICHE AUSBILDUNG. ABER SIE HABEN EINEN TRUMPF IN DER HAND: IHREN BRUDER BEI ALGAPOWER. AUSSERDEM HAT MICH IHRE AKTE BEEINDRUCKT. DARIN STEHT, DASS SIE EINE GUTE SCHÜTZIN SIND UND GANZ HERVORRAGEND IM NAHKAMPF.
ABER ICH WARNE SIE: ES IST EIN VERDAMMT GEFÄHRLICHER EINSATZ. UND SELBST WENN ALLES GUT LÄUFT, ODER SOGAR SEHR GUT, SPRINGT FÜR UNS NICHT MEHR DABEI HERAUS ALS DER WARME HÄNDEDRUCK EINES SEKRETÄRS AUS DEM MINISTERIUM.

SIE MÜSSEN MIR NICHT SOFORT ANTWORTEN. DENKEN SIE IN RUHE DARÜBER NACH. WIR REDEN MORGEN WEITER.

ICH BIN DABEI!

GUT... DARF ICH WISSEN, WARUM?

MEIN BRUDER IST IN GEFAHR. DIE ARBEIT AUF DEM KOMMISSARIAT IST NICHT MEHR AUSZUHALTEN, UND MEIN DERZEITIGES PRIVATLEBEN LIEGT IN TRÜMMERN. GENÜGT DAS ALS ANTWORT?
JA, DAS GENÜGT.

UND ICH BIN EINE SEHR GUTE SCHWIMMERIN.

NOCH EINE FRAGE: IHR VORGESETZTER IN PARIS HAT MIR VON EINEM ETWAS BEUNRUHIGENDEN VORFALL BERICHTET. SIE SOLLEN BEIM ANBLICK EINER LEICHE OHNMÄCHTIG GEWORDEN SEIN. KÖNNEN SIE MIR ERKLÄREN, WAS DA PASSIERT IST?

KEINE SORGE, ICH BIN KEINE HEULSUSE.
DAS HABE ICH NICHT GESAGT.

ALS ICH KLEIN WAR, IST EINE MEINER SCHWESTERN ERTRUNKEN... SIE WAR IN DER BADEWANNE OHNMÄCHTIG GEWORDEN.
ICH HABE AUDREY DAMALS GEFUNDEN UND...
ICH WERDE SICHER NICHT JEDES MAL IN OHNMACHT FALLEN, WENN ICH EINE ERTRUNKENE FRAU SEHE. ES KAM DAS EINE ODER ANDERE MAL VOR, ABER DAS BEDEUTET NICHT, DASS...

SCHON GUT, PENNAC. DAS THEMA IST DURCH.

GUT. MORGEN FLIEGEN WIR NACH QUEBEC.

38

GESCHAFFT! ICH WÜRDE DRANBLEIBEN, WÜRDE WEITER AN DEM FALL ARBEITEN. MEINE GÜTE, FAST WÄRE ICH EL MALIK UM DEN HALS GEFALLEN... ABER WAS ZUM TEUFEL WÜRDEN WIR IN QUEBEC MACHEN?

AM FRÜHEN MORGEN BRACHTE UNS EIN OFFIZIELLES FAHRZEUG DER UNO MIT GELEITSCHUTZ ZUM FLUGHAFEN.
UN

ZT-067

39

WÄREN SIE EINE ECHTE SPIONIN, WÜRDEN SIE SO ETWAS GAR NICHT FRAGEN. INFORMATIONEN DÜRFEN AUS SICHERHEITSGRÜNDEN ERST IM LETZTEN MOMENT WEITERGEGEBEN WERDEN.

ABER ICH BIN EBEN KEINE ECHTE SPIONIN UND WÜSSTE GERN, WORAUF ICH MICH DA EINLASSE.

40

WILLKOMMEN IN KANADA. HATTEN SIE EINEN GUTEN FLUG?
ZT-067

DIES IST CAPTAIN LAMONT VON DER KANADISCHEN SPEZIALEINHEIT... MEINE PARTNERIN, INSPEKTORIN PENNAC...
WIR MÜSSEN DIREKT ZUR BASIS FAHREN...

UNSEREM FREUND GEHT ES NICHT SO GUT...
ER HAT KRÄMPFE, DIE MIT LÄNGEREN PHASEN VON BEWUSSTLOSIGKEIT EINHERGEHEN. ER KANN SICH KAUM NOCH VERSTÄNDLICH MACHEN.

?

WIR SOLLTEN BESSER GLEICH NACH IHM SEHEN...
GUT.

DIE FAHRT DAUERT ETWA EINE STUNDE.

WIE ÜBLICH HATTE ES EL MALIK NICHT FÜR NÖTIG BEFUNDEN, MICH ZU INFORMIEREN. WEN WÜRDEN WIR TREFFEN? DIESES SPIELCHEN GING MIR LANGSAM AUF DIE NERVEN. ABER ICH HIELT ES FÜR KLÜGER, MEINEN MUND ZU HALTEN.

UNO
MARINE-STÜTZPUNKT RIVIÈRE-DU-LOUP

41

IST DER PROFESSOR DA?
JA, CAPTAIN, ER IST UNTEN.

GUTEN TAG, PROFESSOR! DAS SIND UNSERE FRANZÖSISCHEN FREUNDE. WIE GEHT ES UNSEREM GAST?

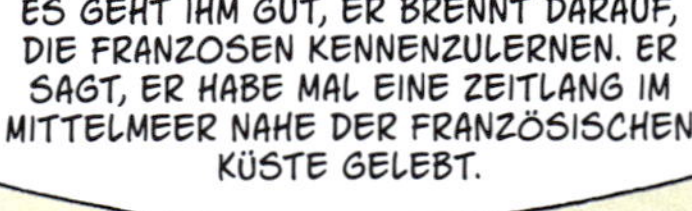
ES GEHT IHM GUT, ER BRENNT DARAUF, DIE FRANZOSEN KENNENZULERNEN. ER SAGT, ER HABE MAL EINE ZEITLANG IM MITTELMEER NAHE DER FRANZÖSISCHEN KÜSTE GELEBT.

WAS IST IHR FACH-GEBIET? NEUROLOGIE? GENETIK?

WIE? OH, NEIN, NEIN... ICH BIN POLIZISTIN, PROFESSOR...
AH...

DELPH?!

42

UNSERE FRANZÖSISCHEN FREUNDE SIND DA. SIE WOLLEN DICH SPRECHEN.

IHR SEID AUS FRANKREICH – MITTELMEERKÜSTE – KENNE ICH – ICH WAR IN MEINER JUGEND DORT – EINER VON EUCH IST EINE FRAU – ICH MAG FRAUEN LIEBER – SIE SIND NICHT SO GEMEIN WIE MÄNNER.

ER SPRICHT!

ER SPRICHT SEINE EIGENE SPRACHE, ER GIBT TÖNE VON SICH, DIE DER COMPUTER FÜR UNS VERSTÄNDLICH MACHT.

ICH BIN KEIN NORMALER DELFIN WIE DIE IN DER NATUR – DIE MÄNNER HABEN ETWAS MIT MEINEM KOPF GEMACHT – ICH BIN JETZT EIN DELFIN, DER DENKEN KANN – ES IST GUT, WENN MAN DENKEN KANN – ABER ES IST SCHWER AUSZUHALTEN – UND MEIN KOPF HAT JETZT PROBLEME...

SPRICH MIT MIR, FRANZÖSISCHE FRAU – HAST DU EINEN NAMEN? DIE MENSCHEN NENNEN MICH DELPH.

43

ÄH... MEIN NAME IST ROMANE, UND ICH FÜHLE MICH GEEHRT, SIE KENNENZULERNEN, DELPH. ES IST UNGLAUBLICH, DASS MAN SICH MIT EINEM DELFIN UNTERHALTEN KANN...

JETZT WERDE ICH NICHT MEHR SPRECHEN – ICH FÜHLE MICH EIN WENIG UNWOHL – PROFESSOR, ICH GLAUBE, ICH BRAUCHE DAS MEDIKAMENT.

TUT MIR LEID, MEINE FREUNDE, ABER ER BESTIMMT DEN RHYTHMUS. WIR SETZEN UNSER GESPRÄCH SPÄTER FORT.

ICH ZEIGE IHNEN JETZT IHRE ZIMMER. ICH KOMME VOR DEM ABENDESSEN WIEDER VORBEI.

TOC
TOC
TOC
HEREIN!

UND? GAR NICHT BEEINDRUCKT?

DOCH. ICH BIN SCHO-CKIERT!
WAS HABEN DIE MIT DIESEM DELFIN GEMACHT, UM SEIN GEHIRN DERART ZU VERÄNDERN?

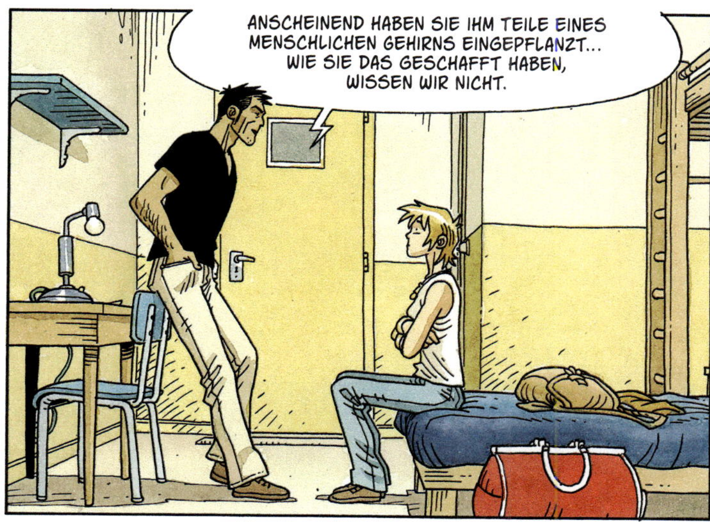
ANSCHEINEND HABEN SIE IHM TEILE EINES MENSCHLICHEN GEHIRNS EINGEPFLANZT... WIE SIE DAS GESCHAFFT HABEN, WISSEN WIR NICHT.

WOHER KOMMT ER? WIE IST ER HIER IN QUEBEC GELANDET? ER KOMMT AUS NEW YORK, ODER? VON ALGAPOWER?

JA, ER KOMMT VON ALGAPOWER.

VOR EINIGER ZEIT BEMERKTE EIN SCHIFF DER KANADISCHEN MARINE, DAS VOR NOVA SCOTIA KREUZTE, EINEN DELFIN, DER IHM SCHON EINE GANZE WEILE FOLGTE...

... UND SICH NICHT WIE EIN NORMALER DELFIN VERHIELT.

IN EINER SELTSAMEN HALTUNG, DEN KOPF AUS DEM WASSER GESTRECKT, BETRACHTETE ER LANGE ZEIT DIE BESATZUNG.

IRGENDWANN TAUCHTE ER AB UND VERSCHWAND FÜR MEHRERE MINUTEN.

DIE MÄNNER GLAUBTEN, ER SEI ENDGÜLTIG DAVONGESCHWOMMEN, ABER ER TAUCHTE WIEDER AUF UND HATTE ETWAS IN SEINER SCHNAUZE. EINEN FLACHEN SCHWARZEN KASTEN...

DIE MÄNNER LIESSEN EIN SCHLAUCHBOOT ZU WASSER UND NÄHERTEN SICH DEM DELFIN. DER GAB IHNEN DEN KASTEN. ES HANDELTE SICH UM EINEN KLEINEN COMPUTER, EIN RELATIV NEUES MODELL, UND EIN BESONDERS LEISTUNGSSTARKES.

DAS WASSER HATTE DAS GERÄT LEICHT BESCHÄDIGT, ABER DER SPEICHER WAR NOCH INTAKT.
BEIM AUSLESEN DER DATEN MITHILFE EINES ANDEREN COMPUTERS STELLTEN SIE FEST, DASS DARAUF EIN ÜBERSETZUNGSPROGRAMM INSTALLIERT WAR...

45

ENDE DER EPISODE.
JANUAR 2012.